OV

FRITZ RIEMANN
ERNST VON XYLANDER

Das fröhliche Horoskop

Astrologische Verse

3. verbesserte Auflage

ORIGO VERLAG BERN

Zeichnungen: Christa Kemper

ISBN 3-282-00022-7

INHALT

EINLEITUNG

Man wüsste manchmal doch recht gerne:
was sagen eigentlich die Sterne?
Ist unser Schicksal, unser Wesen
am Himmel wirklich abzulesen?
Kommt man hier Rätseln auf die Spur?
Ist alles Aberglaube nur?

Zumeist ist einem ja bekannt
nichts als der Monats-Sonnenstand
wie «Widder», «Jungfrau» oder «Schütze»;
doch der allein ist wenig nütze,
weil der Planeten ganzes Bild
zur Stunde der Geburt erst gilt
als Horoskop, wie man es nennt, —
wir hoffen, dass man seines kennt.

Dies Büchlein gibt nun allen Leuten
den ersten Ansatz für das Deuten:
es zeigt Planeten, Tierkreiszeichen,
Aspekte, Häuser und dergleichen,
nicht wissenschaftlich, ernst und schwer,
nein, heiter und vergnüglich mehr,
damit die Scheu man überwinde,
im Horoskop zurecht sich finde,
und wenigstens so ganz von ferne
dies oder das verstehen lerne.

Wir können hier nur Winke geben;
will jemand ernsthaft weiterstreben
aus dem Gefühl, dass in den Reimen
er von der Weisheit, der geheimen,
die in der Sternendeutung steckt,
vielleicht ein Stück für sich entdeckt,
so hätte er wohl das erlebt,
was den Verfassern vorgeschwebt.

DIE PLANETEN

Sonne:

Sonne spiegelt jene Kraft,
die uns das Verlangen schafft,
dass wir frei uns selbst entfalten,
schöpferisch die Welt gestalten,
die uns streben lässt nach Ruhm,
Ehre, Glanz und Herrentum,
die uns stark macht und lebendig,
selbstbewusst und eigenständig,
uns das Leitbild weist, das Ziel
und den eignen Lebensstil.

Im Symbol wird dargestellt
sie als Gatte, Vater, Held.

Mond:

Wie Natur uns innewohnt,
zeigt als Sinnbild uns der Mond:
Wenn statt Wollen oder Denken
heimlich uns Instinkte lenken
oder Stimmungen regieren,
wenn wir träumen, phantasieren,
Unbewusstem mehr vertrauen
und uns Sehnsuchtschlösser bauen,
plastisch sind und wandelbar,
so ist alles dies lunar.
Auch für Mutter, Gattin, Ehen
soll der Mond symbolisch stehen.

Merkur:

Der Merkur Vermittler heisst
zwischen Stofflichkeit und Geist.
Mit der Skepsis, der Kritik
und dem technischen Geschick
schafft er Ordnung im Realen,
prägt Begriffe, Formeln, Zahlen.
Lernend, übend und erfahrend,
möglichst auch die Kräfte sparend,
wertet er, was für ihn wichtig,
nach dem Schema «falsch» und «richtig».

Venus:

Gleichgewicht und Harmonie,
jede Form der Symphatie,
Zärtlichkeit und die Gefühle —
ob sie heftige, ob kühle —,

die Verführung durch die Sinne,
was wir Liebe nennen, Minne,
auch das Künstlertum zugleich,
all das ist der Venus Reich.
Sie entfaltet sich im Spiel;
Schönheit ist ihr letztes Ziel.

Mars:

Mars drängt immer nur voran,
spannt die Willenskräfte an,
richtet sie auf Ziele, die
er verfolgt mit Energie
und mit viel Entschlossenheit,
stets aktiv und kampfbereit.
Gegen jeden Widerstand
wird erbittert angerannt,
denn für Mars als wertvoll gilt,
was gewaltsam, stark und wild.

Jupiter:

Jupiter will unser Leben
über sich hinaus erheben,
dass er ihm die rechte Weihe,
Ethos, Sinn und Wert verleihe.
Voller Hoffnung und Vertrauen
lehrt er uns die Welt zu schauen,
und in jedem Ding zu sehen
seine tragenden Ideen.
Weisheit, Heiterkeit und Güte
schenkt er gläubigem Gemüte.

Saturn:

Der Saturn gibt der Gestalt
Dauer, Festigkeit und Halt.
Ihm ist wertvoll, was beständig,
schicksalhaft ist und notwendig;
Ordnung gibt er, feste Schranken,
klare Logik den Gedanken,
Kraft, um Schweres zu ertragen,
zu verzichten, zu entsagen;
Grundsatztreue, Strenge, Härte,
dafür gilt er als Experte.

Uranus:

Uranus, Neptun — sie leiten
aus den transzendenten Breiten
erdenwärts ihr fernes Licht;
früher kannte man sie nicht.

Uranus bringt unverhofft
etwas gänzlich Neues oft;
plötzlich ist Erleuchtung da,
sieht man, was noch keiner sah,

und verlässt in kühnem Sprung
jede Ueberlieferung,
um in neuentdeckten Zonen
frei und souverän zu wohnen.

Neptun:

Gegen Strahlen des Neptun
sind die meisten noch immun.
Er entstofflicht; man erkennt
jedes Ding als transparent;
Grenzen und Konturen schwinden,
alles scheint sich zu verbinden,
und man findet in Entrückung
metaphysische Beglückung.

Pluto:

Pluto, der ganz draussen läuft,
kaum entdeckt erst und getäuft,
als der letzte – ? – unsrer Sphären,
ist er nicht schon jetzt zu klären,
sondern scheint uns noch zu jung
für genaue Schilderung.
Kräfte scheint er oft zu wecken,
die in tiefster Tiefe stecken;
doch sein Wesen klar zu fassen,
sei der Zukunft überlassen.

DIE VIER ELEMENTE

Feuer:

Hier treibt uns die Tat, der Wille;
ungern bleibt man in der Stille;
optimistisch, zukunftsfroh,
gläubig ist man irgendwo.
Voll von hohen Idealen,
lebt man halb nur im Realen,
träumt von Freiheit, Heldentum,
Abenteuern, Macht und Ruhm,
will im kämpferischen Handeln
Welt erleben, Welt verwandeln.

Luft:

Hier ist man zu Mensch und Welt
reflektierend eingestellt,
und man schaut dem Lebenstanz
gerne zu, doch auf Distanz.
Interessen hat man viele,
aber selten klare Ziele.
Zu erkennen, viel zu wissen,
ist man jederzeit beflissen,
doch man bleibt zuweilen hie
stecken in der Theorie.

Wasser:

Wirklich gilt hier unbestritten
nur was man erlebt, erlitten;
jedes Ich ist drum gestellt
in die subjektive Welt,
und es flieht hier möglichst lange
vor der objektiven bange,

ängstlich, dass sie ihm zerstört,
was persönlichst ihm gehört;
strebt, dass es Verständnis finde, —
ähnelt lang oft einem Kinde.

Erde:

Wer die Welt von hier erlebt,
sieht den Stoff, der widerstrebt,
den nach Regel, Mass und Normen
er im Werk sucht auszuformen.
Nichts erscheint ihm nebensächlich,
alles tut er ernst, gemächlich.
Die Erfahrung ist die Richte;
heilig ist ihm die Geschichte,
und er sucht mit festen Dämmen
der Gefühle Flut zu hemmen.

DER ASZENDENT
IN DEN 12 TIERKREISZEICHEN

Widder:

Des Widders Wesen ist ein Treiben, Drängen;
sein ganzes Streben gipfelt in der Tat.
Ein Sträuben gegen Fesseln, die beengen,
macht seine Pläne masslos im Format.

Mit viel Elan, im Anlauf, kurz entschlossen
stürmt er die Lebensleiter per drei Sprossen.
Voll Optimismus, immer zukunftsoffen,
gewinnt er Kraft aus immer neuem Hoffen.
Was er auch tut, stets ist er ganz dabei,
ganz gleich, ob auch die Sache würdig sei.
Er setzt sich ein, — für etwas, das genügt —.
Wenn es ein Wert war, hat sich's gut gefügt.
Er selbst ist sozusagen wertimmun:
Für ihn ist alles Wert, was noch zu tun.

Stier:

Bedächtig und gelassen wirkt der Stier;
im Stoffe, im Konkreten, in der Dauer
ist er verwurzelt — doch es wird auch hier
schon seine Grenze deutlich dem Beschauer:

Er zögert gern; drum lasse man ihm Zeit,
sonst hält er seinen sturen Trotz bereit.
Nur wer geduldig sich um ihn bemühte,
dem schenkt er seine Treue, Wärme, Güte.
Was ihm nicht liegt, wird störrisch abgewehrt,
was ihm gefällt, für immer gleich begehrt.
Weil er am liebsten alles konserviert,
ist's oft am besten, wenn er resigniert.
Dann blüht aus solcher Einsicht wohl hervor —
vermischt mit Wehmut — köstlicher Humor.

Zwillinge:

Der Zwillingsmensch ist wach
und sehr lebendig;
zu allem bringt er rasch sich in Bezug.
Nur seine Wissbegier erscheint beständig,
mit der er alles aufgreift wie im Flug.

Was jeweils er im Augenblick erfährt,
gilt, weil aktuell, als Sonderwert,
und jeder neue Eindruck löscht den alten,
bevor er recht verdaut und festgehalten.
Voll Unrast, sich zersplitternd, auch in Zielen,
erscheint er klug, doch unverbindlich vielen.
Mehr als er selber formt, wird er geprägt,
weil vieles ihn nur peripher bewegt.
In seine eignen Tiefen abzusteigen
liebt er so wenig wie Alleinsein, Schweigen.

Krebs:

Des Krebses Stärke liegt mehr im Empfangen;
er ist der Welt empfindsam hingegeben,
und um zur Selbstbehauptung zu gelangen,
muss dauernd er nach festen Formen streben.

Die starke Phantasie, die ihn bewegt,
ihn oft in irreale Weiten trägt,
wo er dann träumerisch all das vollbringt,
was in der Wirklichkeit ihm nicht gelingt.
Der Sinn für Heim, Verwandtschaft
ist hier gross,
und mancher löst sich nie davon ganz los.
Man braucht ein Nest, sich warm darein zu
ducken;
die Frauen sind oft mütterlich wie Glucken.
Weil man so zart und weil so rauh das Leben,
heisst's eine Heimat suchen oder geben.

Löwe:

Des Löwen Selbstgefühl wirkt so natürlich
dass ihn die Umwelt schweigend anerkennt.
Er traut sich alles zu, und unwillkürlich
gerät sein Lebensplan zu gross im Fundament.

Er sucht nach Taten, eignet sich zum Führen;
Bedürfnis ist es ihm, sich selbst zu spüren,
sich zu beweisen, was er ist und kann —
mit «Ich» fängt er die meisten Sätze an –.
Er hält sich gern naiv für unersetzlich,
die eigene Person für unverletzlich.
Als höchster Lebenswert gilt ihm die Macht;
kühn baut er auf sein Glück, das ihm
auch lacht,
solange er im Möglichen verbleibt,
doch ihn verlässt, sobald er übertreibt.

Jungfrau:

Der Jungfrau-Mensch fühlt sich bedrückt
vom Leben
und sucht nach Sicherung, nach festen Stützen,
wie Sorgfalt, Ordnung, Vorsicht,
Zweckbestreben,
vor Unberechenbarem sich zu schützen.

Des Daseins Fülle macht ihn etwas schüchtern,
so dass er sich zu wehren sucht und nüchtern
Erlebnisse zergliedert und zerlegt,
an Einzelheiten sich zu klammern pflegt.
Sein Fleiss und Eifer ähnelt dem der Bienen;
er ist bereit, zu helfen und zu dienen.
Verlässlichkeit ist seine stärkste Stelle,
nebst lebensklugem Blick für das Reelle.

Nichts scheut er stärker als sich zu verlieren,
entschied'ner Gegner allem Hasardieren.

Waage:

Im Zeichen Waage ist der Mensch gesellig,
im Wesen recht harmonisch, ausgeglichen,
fast immer etwas eitel, selbstgefällig;
den Widerständen wird gern ausgewichen.

Um sich zu zeigen, braucht er Publikum
und blüht erst auf, wenn wer um ihn herum,
bestrebt, dass er von ihm bestätigt findet
die Sympathie, die er für sich empfindet.
Er sagt gern ja und teilt des andern Meinung,
will Liebe nicht verlieren durch Verneinung.
Die Schönheit jeder Art beglückt am meisten,
und kann man sie sich in der Kunst
nicht leisten,
so bleibt die Möglichkeit doch, seinem Leben
die Heiterkeit und schöne Form zu geben.

Skorpion:

Der Skorpion-Mensch lebt aus grossen Tiefen,
die er zu meistern sucht, bewusst und klar,
jedoch in seinem Unbewussten schliefen
oft mehr Dämonen, als ihm offenbar.

Nach aussen kühl-beherrscht, ist er im Stillen
voll Leidenschaft und zielbewusstem Willen,
was durch den Drang zu formen, zu belehren,
so manchem pflegt den Umgang zu erschweren.
Indem er bohrt und grübelt, scharf und tief,
zerlebt er jeden Zustand intensiv;
das gibt ihm Möglichkeit, sich neu zu wandeln.
Viel Absicht steckt in allem seinem Handeln.

Ein guter Psycholog, der wie im Spiele
die Schwächen andrer nutzt für seine Ziele.

Schütze:

Der Schütze-Mensch hat einen Hang zu Gesten,
er liebt Begeisterung und Lebenslagen,
geeignet, seinen Geltungsdrang zu festen,
kann deshalb Armut, Enge schwer vertragen.

Er liebt es, über sich hinauszuwachsen,
und hält nicht viel von jenen Dumpfen, Laxen,
die ängstlich immer nur am Diesseits kleben:
Das Dasein lohnt erst im Nach-oben-Streben!
Er wünscht sich Ruhm und Würden
unbegrenzt,
auch wenn nicht alles Gold ist, was da glänzt;
er möchte überzeugen, mit sich reissen,
weshalb ihn manche einen Schwärmer heissen.
Er glaubt im tiefsten an das Gute, Wahre,
und dass es grade ihm sich offenbare.

Steinbock:

Der Steinbock muss mit Widerständen streiten,
auf deren Ueberwindung er bedacht,
wobei er manchmal schon bei Kleinigkeiten
unnötig grosse Kranftanstrengung macht.

An erster Stelle steht bei ihm die Pflicht;
Erholung, Ruhe gibt's grundsätzlich nicht.
Sein Ehrgeiz treibt ihn immer wieder an,
weshalb er es auch schwer vertragen kann,
wenn andre feiern oder leichter leben:
dies pflegt ihm Grund zu leisem Neid zu geben.
So macht er Tugenden aus seiner Not,
verbietet andern, was er sich verbot.
Die eigne Art hält er verbissen fest,
was fremdes ihn nur schwer verstehen lässt.

Wassermann:

Der Wassermann lebt frei und ungebunden
nach eignem Stil und eigener Idee;
er möchte seine Vornehmheit bekunden
und fühlt sich als ein Mensch der «haute volée».

So schreitet er exzentrisch durch die Welt,
als Eigenbrötler oft, wenn's ihm gefällt.
Gesetz und Bindung sind für andre richtig,
für einen selber nicht besonders wichtig.
Im positiven Sinn gibt die Distanz
ihm Unabhängigkeit und Toleranz;
doch man verliert leicht mehr, als man gewinnt,
wenn man zu sehr sich in sich selbst verspinnt,
drum wende man sich auch der Mitwelt zu,
dass Freundschaft werde zwischen Ich und Du.

Fische:

Der Fische-Mensch, sensibel und empfänglich,
fühlt sich durch fremden Anspruch oft
bestimmt;
er bleibt ein Träumer, Kind,
oft lebenslänglich,
was ihm die Kraft zum Selbstsein manchmal
nimmt.

Er fühlt sich ein mit liebendem Verstehen,
kann vieles mit den Augen andrer sehen;
wenn ihm dann aber die Entschlusskraft
mangelt,
und alles drum entschwimmt, wonach er angelt,
wird er von Mitleid mit sich selbst erfasst;
ein Tränenstrom erscheint ihm angepasst.
Auch wenn er manchmal damit spekuliert,
den andern durch Erbarmen präpariert,
ist er doch selber jederzeit im Leben
zu opfern fähig und sich hinzugeben.

DIE SONNE
IN DEN 12 TIERKREISZEICHEN

Widder:

Wegbereiter, Pionier
wählt man sich zum Leitbild hier;
denn als Kämpfer, Führer, Held
in der subjektiven Welt,
sei sie gross nun oder klein,
will man stets der erste sein.
Wer's nicht kann, wird häufig bloss
egoistisch, rücksichtslos.

Stier:

Was man lernend hat erfahren,
will man hüten und bewahren,
dass uns überkommnes Erbe
nicht vergehe noch verderbe.
Was als Treue imponiert,
wird zur Trägheit garantiert,
wenn man, ohne sich zu wandeln,
stets nur übt gewohntes Handeln.

Zwillinge:

Denkend und begrifflich meist
ist gerichtet hier der Geist;
Wissensdrang, Erkenntnisstreben
treiben suchend durch das Leben.
Fehlt die echte Klarheit dann,
kann es wohl geschehn, dass man
ewig zweifelnd, ohne Gott,
treibt mit sich und allen Spott.

Krebs:

Mitgefühl, Empfindsamkeit
machen manchen hier bereit,
was er schmerzlich selbst erfahren,
andern helfend zu ersparen.
Mangelt's ihm an solcher Grösse,
will er, schützend seine Blösse,
in ein Traumreich sich verziehen,
meint, sich selber zu entfliehen.

Löwe:

Sieghaft, strahlend, voller Kraft,
fähig echter Führerschaft,
und erfüllt von starkem Wollen,
muss man ihm Bewundrung zollen.
Wenn er diese aber spürt,
wird zum Hochmut er verführt,
und was echt sonst, wird dabei
Dünkel, Protzen, Prahlerei.

Jungfrau:

Lebt man unterm Bild der Ernte,
wertet klug man das Erlernte
nun zu aller Nutzen aus. –
Enge, Kleinlichkeit wird draus,
wenn, nur auf sich selbst bedacht,
ängstlich man Versuche macht,
seine Grenzen allen Dingen
prophylaktisch aufzuzwingen.

Waage:

Hier führt viele das Begehren,
Schönheit, Wahrheit zu verehren,

hin zur Kunst, und sie entfalten
in den buntesten Gestalten
uns ein Spiegelbild der Welt,
das erfreut und wohlgefällt.
Auf der Minusseite steht,
saft- und kraftlos, der Aesthet.

Skorpion:

Faustisch sieht man, sozusagen,
hier so manche Geister ragen,
die sich wandeln stets aufs neue
und zerstören ohne Reue,
was verfault und wertlos ist;
aber wer das Mass vergisst,
wird nur seinem Dämon trauen
und vernichten, statt zu bauen.

Schütze:

Neues Ethos will man künden,
einen höhern Menschen gründen.
Leuchtend hier so mancher steht
als begeisterter Prophet.
Diesen Weg jedoch nur findet,
wer sich selber überwindet,
und es wird mit Recht verspottet,
wer das eigne Ich vergottet.

Steinbock:

Wille, Denken, Fleiss und Stärke,
alles gilt zuletzt dem Werke,
denn man dient in schlichtem Stolz;
doch wer nicht aus solchem Holz,
wird zwar auch nach Leistung streben,
aber nur, damit im Leben
Ruhm und Macht er so gewinne —
Egoist in vollem Sinne.

Wassermann:

Losgelöst von Erdenschwere,
strebt man nach der Weisheit Sphäre,
unabhängig nur gestellt
auf sich selbst und seine Welt.
Dabei ist es nur fatal,
dass die Grenze ziemlich schmal,
wo Gedachtes wird zum Sparren,
und man selbst vielleicht zum Narren.

Fische:

Duldend man am Leben reift —
mancher, der dies voll begreift,
wird auf eignes Glück verzichten,

stillen Liebesdienst verrichten.
Andre dahingegen werden
oft zu Märtyrergebärden
neigen und sich gar am Leiden
schliesslich noch geniessend weiden.

DIE SONNE IN DEN 12 HÄUSERN

1. Haus:

Hier ist uns das eigne Ich
Mittelpunkt und Wert an sich,
und man wird, was angenehm,
kaum sich selber zum Problem,
nimmt mit Schwung so manche Hürde;
doch das Alter wird zur Bürde,
denn man kann es nicht verwinden,
wenn die Körperkräfte schwinden.

2. Haus:

Angeborene Möglichkeiten,
sein «Vermögen» auszuweiten,
ist hier Ziel; doch am Konkreten,
am Besitz, an den Moneten
bleibt hier mancher manchmal kleben,
und besitzen heisst ihm leben.
Oefters sieht man dieses enden
in der Neigung zum Verschwenden.

3. Haus:

Im Bereich des Intellcktes
sucht sein Ziel man und entdeckt es,
und man wünscht sich immer gerne,
dass man recht viel Neues lerne.

Stil und Ausdruck sind geläufig,
Interessen wechseln häufig;
denn man lebt in Hast und Eile,
sonst bekommt man Langeweile.

4. Haus:

Gerne lebt man hier nach innen,
und man wird sich oft besinnen,
wie des Hauses Atmosphäre
traulich zu gestalten wäre.
Mancher im Familienkreise
herrscht nach Patriarchenweise,
gibt die eigne Tradition
würdig weiter an den Sohn.

5. Haus:

Immer schöpfend aus dem vollen,
wird man viel erleben wollen,
und die leichteren Naturen
haben allerlei Amouren.
Liebe, Freude, Sport und Spiel
gelten vielen schon als Ziel;
kommt man aber hier zur Tugend,
widmet man sich gern der Jugend.

6. Haus:

Arbeit füllt das Leben aus,
wenn die Sonne hier zu Haus.
Nicht in stolze Höhen steigt,
wer zum Dienen mehr geneigt.
Man versucht, dem Leid zu wehren
und die Mitwelt zu belehren,
was dieselbe ganz bestimmt,
wenn's zuviel wird, übelnimmt.

7. Haus

Hier möcht' mancher viel bedeuten,
und er sieht von andern Leuten
gerne seinen Wert bestätigt;
öffentlich er sich betätigt.
Doch der Frau wird Ideal
der ersehnte Herr Gemahl:
Fast ein Uebermensch, ein Held
soll er sein, der ihr gefällt.

8. Haus:

Hier erscheint das «Stirb und werde»
als das höchste Glück der Erde,
und man folgte gern dem Drange,
sich zu häuten, wie die Schlange.
Was noch dunkel ist und nächtig,
weckt das Interesse mächtig;
man vergräbt darein sich tief,
scheint nach aussen nur passiv.

9. Haus:

Was man von der Zukunft hofft,
hält man schon für wirklich oft.
Philosoph wird mancher heissen;
geistig wird er und durch Reisen
seinen Horizont erweitern,
doch vielleicht am Leben scheitern,
denn man hat hier oft zu viele
und zu weitgespannte Ziele.

10. Haus:

Hier, bei hohem Sonnenstand,
wird man gern berühmt, bekannt,
und bemüht sich drum am meisten,

was Bedeutendes zu leisten.
Oft ist schon in jungen Jahren
voller Würde das Gebaren,
weil man seinen eignen Wert
selbstverständlich kennt und ehrt.

11. Haus:

Freundschaft schätzt man mehr als Minne
und die wilde Glut der Sinne,
denn man sucht die Werte nur
einer höheren Kultur.
Menschen sucht man zum Verkehre,
die schon sind, wo man gern wäre,
und bemüht sich eifrig nun,
ihnen alles gleichzutun.

12. Haus:

In der Seele weitem Raum
findet man sich selber kaum.
Mancher bleibt dem Alltag fremd,
fühlt sich schüchtern und gehemmt,
zieht sich drum allein zurück
in sein ganz privates Glück,
und des Lebens Wirklichkeiten
lässt er fern vorübergleiten.

DER MOND
IN DEN 12 TIERKREISZEICHEN

Widder:

Streitbar macht der Mond im Widder;
wie ein kampfbereiter Ritter
stürmt man hier durchs Leben hin,
angriffslustig ist der Sinn.
Schon dass andre existieren,
geht da manchem an die Nieren.

Stier:

Gerne lässt man mit Behagen
von der Gegenwart sich tragen,
doch man wird sich immer scheuen
vor dem Ungewohnten, Neuen,
denn im Wechsel sieht man nur
eine Bosheit der Natur.

Zwillinge:

Wendig wie die Wetterfahnen,
ändert man sein Denken, Planen,
und versteht es voll Talent,
was als Vorteil man erkennt,
«objektiv» in allen Fällen
überzeugend darzustellen.

Krebs:

Seelisch weich und beinah kindlich,
sehr verwundbar und empfindlich,
formt man doch durch Launen, Grillen,
alles gern nach seinem Willen.

Immer Rücksicht fordert man,
ist ein heimlicher Tyrann.

Löwe:

Ueberschwang der Lebenslust
füllt und weitet hier die Brust,
und man will in vollen Zügen
kosten jegliches Vergnügen.
Mass zu halten tut hier not,
denn sonst lebt man sich zutod.

Jungfrau:

Weil man an das Leben mit
selbstgemachter Fordrung tritt,
wie es sich verhalten soll,
zahlt man dadurch seinen Zoll,
dass zu vielem man hienieden
nörgelnd steht und unzufrieden.

Waage:

Reibung tunlichst zu vermeiden,
schätzt man wenig das Entscheiden.
Weil man aus Bequemlichkeit
immer kompromissbereit,
hält man sich für edelmütig
und für ganz besonders gütig.

Skorpion:

Unbewusst besteht ein Dringen,
Andre quasi zu verschlingen,
auszuquetschen sie wie Früchte;
doch voll starker Eifersüchte
muss man dann darüber wachen,
dass sie nicht mehr frei sich machen.

Schütze:

Ueberzeugt vom eignen Ich,
hält man leicht zuviel von sich,
sieht die höchsten Ziele leicht
so, als wär'n sie schon erreicht,
schwelgt zu früh in Siegesräuschen;
doch was nachkommt, muss enttäuschen.

Steinbock:

Leistungsdrang und Ehrgeiz quälen,
und man liebt es, aufzuzählen,
was für andre man vollbracht –
wem wohl solches Freude macht ?
Hinter dienendem Sich-Beugen
sieht man oft die Herrschsucht äugen.

Wassermann:

Anders als die vielen sein,
sei's auch nur im äussren Schein,
wird hier unbewusstes Streben
und zum Anspruch, nun durchs Leben
stets auf Extraplatz zu reisen,
ohne Drang, sich zu beweisen.

Fische:

So wie das Chamäleon
annimmt der Umgebung Ton,
neigt man hier zum Sich-Verkleiden,
um am Ich nicht so zu leiden,
schlüpft in Masken, sich verwandelnd,
weiss kaum noch, ob selbst man handelnd.

DER MOND IN DEN 12 HÄUSERN

1. Haus:

Sehr gemütsvoll und empfänglich,
manchmal heiter, manchmal bänglich,
pflegt man nicht aktiv zu handeln,
sondern seelisch sich zu wandeln,
übernehmend fremde Art,
weil man selbst so weich und zart.

2. Haus:

Sitzt der Mond im zweiten Feld,
so entsteht das Phasengeld:
rhythmisch nimmt es ab und zu,
schwankt und findet selten Ruh.

Diesen Wechsel der Gezeiten
kann ein Angstgefühl begleiten.

3. Haus:

Sehnsucht, vieles zu erleben,
pflegt uns hier der Mond zu geben.
Reisen unternimmt man gern,
macht Besuche nah und fern,
und man hofft, es werde glücken,
künstlerisch sich auszudrücken.

4. Haus:

Hier bewahrt man jederzeit
einen Rest von Kindlichkeit,
sehnt hinaus sich in die Ferne,
aber kehrt zurück dann gerne,
denn an jedem fremden Ort
spürt das Heimweh man sofort.

5. Haus:

Sichere Instinkte leiten,
gut gestellt, die Sinnlichkeiten;
doch das Spiel der Liebeslaunen
lässt die Partner manchmal staunen,
und bei schlechtem Mondesstand
liebt man oft nur ambulant.

6. Haus:

Freundliche Aspekte ebnen
den Verkehr mit Untergebnen;
schlechte sind nicht unbedenklich,
denn des öftern ist man kränklich;
aber sieht man fremdes Leid,
ist man immer hilfsbereit.

7. Haus:

Man empfindet als Verletzung
jede Auseinandersetzung,
passt sich drum an jedermann
ohne Widerstände an,
und den Partner wünscht man sich
kindlich oder mütterlich.

8. Haus:

Seelisch ist man offen, weit,
oft für die Unendlichkeit.
An Konflikten und Problemen
kann man innig Anteil nehmen,
weil man sie ja permanent
auch im eignen Leben kennt.

9. Haus:

Zum Politisch-Sozialen
neigt man oft bei guten Strahlen.
Gibt es seelisch eine Stauung,
wechselt man die Weltanschauung
oder lässt durch weite Reisen
sich in neue Bahnen weisen.

10. Haus:

Selten folgt man hier spontan
einem klaren Lebensplan,
sondern bei Gelegenheiten
lässt man vom Gefühl sich leiten.
Stört Bewusstheit den Instinkt,
mancher Misserfolg uns winkt.

11. Haus:

Mond im elften: solche Seelen
sind als Freunde zu empfehlen;
doch man sei sich drüber klar:
ihr Gefühl ist wandelbar!
Auch im Sympathie-Erleben
wird es Voll- und Neumond geben.

12. Haus:

Im Intimen lebt man gern,
jeder Umwelt möglichst fern,
lässt sich an den weiten Flügen
seiner Phantasie genügen,
weil man sich auf diese Art
Kämpfe und Konflikte spart.

MERKUR
IN DEN 12 TIERKREISZEICHEN

Widder:

Steht im Widder der Merkur,
gilt die eigne Meinung nur.
Was als Wahrheit man erkennt,
das verficht man vehement.

Stier:

Stier-Merkur denkt bildhaft-plastisch;
alles gilt ihm als phantastisch,
was sich nicht konkret und fest
durch Erfahrung prüfen lässt.

Zwillinge:

Sehr beweglich, voll Esprit
ist Merkur in Gemini;
rasch vermag er aufzufassen
und gewandt sich anzupassen.

Krebs:

Krebs-Merkur gern träumt und dichtet,
aufs Vergangene gerichtet.
Logik, die er wenig schätzt,
wird durch Feingefühl ersetzt.

Löwe:

Hat man den Merkur im Leuen,
wird man sich beim Denken freuen
an der Grösse der Ideen
und das Kleine übersehen.

Jungfrau:

Kritisch, nüchtern, sehr exakt
wird das Denken angepackt,
und ins einzelne man geht,
wenn Merkur in Jungfrau steht.

Waage:

Flotter Stil und leichte Hand;
meistens denkt man sehr gewandt,
doch der Schönheit von Vergleichen
muss die Logik manchmal weichen.

Skorpion:

Illusionen gern zerstörend,
was für andre oft empörend,
hebt man alles ins Bewusste,
ohne Rücksicht auf Verluste.

Schütze:

Hohe Sinnzusammenhänge
leiten die Gedankengänge,
doch im Alltag will man glänzen
mit poetischen Lizenzen.

Steinbock:

Logisch denkend, diplomatisch,
wird man hier leicht bürokratisch
und behandelt jedes Thema
nach dem gleichen starren Schema.

Wassermann:

Wassermann-Merkur gewöhnlich
denkt abstrakt und unpersönlich,
doch in Kunst und Wissenschaft
zeigt er seine beste Kraft.

Fische:

Fisch-Merkur zuweilen schwimmt,
regellos und unbestimmt;
doch es kann ihm dieses Denken
manchmal auch Erleuchtung schenken.

MERKUR IN DEN 12 HÄUSERN

1. Haus:

Weil man nüchtern denkt und praktisch,
sucht man seinen Vorteil taktisch
zu erkennen, schnell zu nützen,
vor Enttäuschung sich zu schützen.

2. Haus:

Hier erscheint der Geist mit Macht
auf Erwerb, Besitz bedacht.
Schlechtes Aspektarium
macht die Mittel manchmal krumm.

3. Haus:

Intellektuelle Gaben
scheinen viele hier zu haben,
und man will durch Reden, Schreiben
mit der Welt verbunden bleiben.

4. Haus:

Bildung sucht man hier voll Eifer,
dass man seelisch werde reifer;
doch durch Unrast kann es geben
Aerger im Familienleben.

5. Haus:

Oft Erzieher, Pädagogen;
Eros wird hier leicht verbogen,
wenn Verstand mit Sinnen streitet,
Neugier mehr als Liebe leitet.

6. Haus:

Glücklich in der Arbeit ist
man hier erst als Spezialist.
Doch man soll sich davor hüten,
stets Details nur zu bebrüten.

7. Haus:

Prüfend, weil man leicht misstraut,
wird der Mitmensch angeschaut,
und man muss, um sich zu binden,
Gleichheit der Intressen finden.

8. Haus:

Das Problem des Tods umkreist
Mancher intensiv im Geist.
Todesfurcht (bei schlechten Strahlen)
schafft nervöse Seelenqualen.

9. Haus:

Zu Vernunft mehr als Verstand
scheint Merkur in neun gewandt.
Sind der schlechten Winkel viel,
wird die Geistigkeit skurril.

10. Haus:

Im Beruf ein Intellekt,
der mehr Praktisches bezweckt.
Welche Richtung er sich nimmt,
wird durch Winkel erst bestimmt.

11. Haus:

Freundschaft ist hier mehr Kalkül
als ein wirkliches Gefühl.

Kritisch ist der Geist gerichtet;
manches Band er drum vernichtet.

12. Haus:

Das Geheime und Versteckte
sucht man mit dem Intellekte,
denn man meint, nicht viel besage
das, was offen liegt zutage.

VENUS IN DEN 12 TIERKREISZEICHEN

Widder:

Widder-Venus leicht verbrennt
an dem eignen Temprament;
Unrast lässt ihr wenig Zeit,
Treue macht oft Schwierigkeit.

Stier:

Venus, wenn im Stier sie haust,
gerne liebt und lacht und schmaust,
denn von irdischen Genüssen
will sie nichts entbehren müssen.

Zwillinge:

Zwillings-Venus, leicht erregt,
obenhin zu gleiten pflegt,
schätzt den äusseren Effekt
mehr als das, was tiefer steckt.

Krebs:

Fehlt ihr hier die klare Führung,
macht die Venus gern in Rührung;

doch sie hat auch ihre Chance:
feinen Sinn für die Nuance.

Löwe:

Hier geniesst man voll und ganz
Reichtum, Fülle, Prunk und Glanz,
und man will sich stets verschwenden,
leben, lieben, Freude spenden.

Jungfrau:

Weil man sich nicht gern verliert,
bleibt man etwas reserviert.
Mit Verstand und Ueberlegung
prüft man jede Herzensregung.

Waage:

Sehr beliebt ist ohne Frage
Venus in dem Zeichen Waage,
denn mit feinem Stilempfinden
kann sie grossen Charme verbinden.

Skorpion:

Liebe wird hier oft zur Qual,
weil sie immer radikal,
und der Partner leise jammert,
weil man ihn zu fest umklammert.

Schütze:

Lebhaft wechseln die Gefühle
zwischen Leidenschaft und Kühle.
Was man liebend hier erfährt,
wird zum Ideal verklärt.

Steinbock:

Ordnung, Klarheit, Stil und Mass
machen hier der Venus Spass.
Liebelei wird kaum sie narren —
ihre Stärke heisst Beharren.

Wassermann:

Hier ist Venus zu bewusst
für die ordinäre Lust;
doch sie zeigt sich stets gesellig
und den Freunden gern gefällig.

Fische:

Hier empfindet man gar fein,
fühlt ins Du sich innig ein;
doch in schwärmerischen Träumen
kann die Liebe man versäumen.

VENUS IN DEN 12 HÄUSERN

1. Haus:

Zärtlich, heiter, angenehm,
manchmal eitel und beuquem;
je nach Reife Kunstbestreben
oder Hang zum Sinnenleben.

2. Haus:

Was die Welt an Schönem zeigt,
ist zu kaufen man geneigt;
Männer — dieses im Vertrauen! —
hängen gern ihr Geld an Frauen.

3. Haus:

Grauen Alltag leis verschönend,
wirken Frauen oft versöhnend;
ferner sei hier nicht vergessen:
literarische Intressen.

4. Haus:

Perserteppich, Marmoruhr,
grosser Sinn für Heimkultur,
und man wird sein Geld nicht schonen,
um in Eleganz zu wohnen.

5. Haus:

Kunstgenuss und Liebeswonnen
werden unsern Weg besonnen;
im Vergnügen man sich tummelt,
aber mancher auch verbummelt.

6. Haus:

Ehen wie in Kinowelten
zwischen Chef und Angestellten.
Schlechte Winkel disponieren
zu Erkrankung an den Nieren.

7. Haus:

Glück im ehelichen Lieben
bringt die Venus oft in sieben;
dieses kann sie sich zerstören,
will sie sinnlich nur betören.

8. Haus:

Wenn Aspekte nichts verderben,
hat man Aussicht, was zu erben.
Mehr Bereitschaft zum Verehren
als zu stürmischem Begehren.

9. Haus:

Venus fühlt hier sehr ästhetisch,
neigt zur Kunst — auch theoretisch —.
Steht sie azendentverbunden,
kann durch Reisen man gesunden.

10. Haus:

Venus nahe am MC
wirkt wie eine gute Fee;
schlecht bestrahlt, bringt durch Erotik
in das Leben sie Chaotik.

11. Haus:

Freundschaftlich und zum Verkehr
schätzt man Frauen, Künstler mehr,
denn man sucht für Glück und Schmerzen
Resonanz in fremden Herzen.

12. Haus:

Liebe wird hier erst erstrebt,
wenn Geheimnis sie umwebt,
und man will sie gern geniessen
in verbot'nen Paradiesen.

MARS IN DEN 12 TIERKREISZEICHEN

Widder:

Mars im Widder ist motorisch
und zuweilen aggressorisch.
Impulsiv und voller Feuer,
wagt er manches Abenteuer.

Stier:

Mars im Stier nicht gerne hastet;
Erdenschwere ihn belastet.
Mit Impulsen oft er geizt,
aber wehe, wer ihn reizt!

Zwillinge:

Zwillings-Mars, so oft er kann,
fängt er etwas Neues an,
und mit technischem Geschick
kommt er auf so manchen Trick.

Krebs:

Mars im Krebs verhalten bleibt,
bis ihn eine Stimmung treibt
oft zu Taten, ganz besundern,
die ihn nachher selbst verwundern.

Löwe:

Mars hat hier den Zug ins Grosse
und zuweilen Hemmungslose.
Schwungvoll tritt er auf und kräftig
und bei Widerstand auch heftig.

Jungfrau:

Regel, Vorsicht und Bedenken
werden Mars in Jungfrau lenken.
Scheuend alles, was riskant,
wirkt er oftmals als Pedant.

Waage:

Manchmal elegant und wendig,
manchmal schwach und unbeständig,
so laviert der Mars in Waage
sich durch jede Lebenslage.

Skorpion:

Voll verborgner Leidenschaft,
hat der Mars hier doppelt Kraft,
und um Ziele zu erreichen,
geht er notfalls über Leichen.

Schütze:

Ueber alle Hindernisse
springt man kühn ins Ungewisse.
Manchmal gibt es Bruch beim Landen,
wenn zuwenig Kraft vorhanden.

Steinbock:

Schwierigkeiten zu bemeistern,
kann den Steinbock-Mars begeistern.
Oft macht er sich's künstlich schwer,
denn was leicht, verachtet er.

Wassermann:

Mars, der im Aquarius,
alles Tun bedenken muss.
Ob er handeln soll und wie,
sagt ihm erst die Theorie.

Fische:

Fische-Mars scheint mehr zu spielen
als aufs Wirkliche zu zielen,
doch der Zufall führt ihn oft
zu Erfolgen unverhofft.

MARS IN DEN 12 HÄUSERN

1. Haus:

Kräftig ist man, derb und kühn,
auch als Frau oft maskulin.
Selbstbehauptend, stets entschieden,
liebt man keinen faulen Frieden.

2. Haus:

Steht der Mars im zweiten Feld,
so verdient man gerne Geld;
leider, ist hinzuzuschreiben,
will es nicht gern bei uns bleiben.

3. Haus:

Voller Eigensinn und -willen,
handelt man hier mehr im Stillen.
Wenig schätzt man die Verwandten,
wie Geschwister, Onkels, Tanten.

4. Haus:

Sieht man Mars an diesem Orte,
fallen häufig scharfe Worte.
Sei's bei Frauen, sei's beim Mann:
leicht entsteht ein Haustyrann.

5. Haus:

Lebhaft spürt man hier die Triebe,
hält sie meistens schon für Liebe;
möglichst rasch schliesst man die Ehen,
später kann man's kaum verstehen.

6. Haus:

Hat Dein Chef den Mars in sechs,
wird zum Drama jeder Klecks.
Allzu wilde Arbeitswut
bringt oft Krankheit, die akut.

7. Haus:

Oft es Missverständnis gibt,
weil man zu gewaltsam liebt,
und man ist auch mehr zum Streit
als zum Kompromiss bereit.

8. Haus:

Aggressive Kräfte wohnen
in der Seele tiefen Zonen.
Brechen sie aus ihrem Bann,
heisst es: rette sich, wer kann!

9. Haus:

Kampf für eigene Ideen
kann hierbei man öfters sehen.
Manchmal ist man zu dogmatisch
und wirkt dadurch unsympathisch.

10. Haus:

Man verlangt hier viel vom Leben,
mehr als man bereit zu geben.
Schlechte Winkel aus dem Westen
führ'n zu Diktatorengesten.

11. Haus:

Seinen Freund will man bestimmen,
mit sich reissen, auch zum Schlimmen;
doch der Wunsch, ihn auszustechen,
für zu Taten, die sich rächen.

12. Haus:

Braucht man ihn, so gibt es Kummer:
Mars liegt grade fest im Schlummer!
Doch bei plötzlichem Konflikt
geht er los, dass man erschrickt.

JUPITER
IN DEN 12 TIERKREISZEICHEN

Widder:

Die Begeisterung, jäh erwacht,
sich zu heller Glut entfacht,
doch auf grössere Distanz
reicht der Schwung oft nicht mehr ganz.

Stier:

Das Gesunde und Normale
wird uns hier zum Ideale.
Auf der Erde will man wurzeln
statt im Jenseits 'rumzupurzeln.

Zwillinge:

Oft nur allzu wach und hell,
kritisch-intellektuell,
wird von Zweifeln man geplagt,
weil man nicht zu glauben wagt.

Krebs:

Menschenliebe, Mitempfinden
werden hier uns ethisch binden,
und ein bisschen Schwärmerei
liegt oft ziemlich nah dabei.

Löwe:

Menschenwürde hoch man achtet,
hat sie selber auch gepachtet;
intensiv erlebt man Werte,
manchmal allerdings verkehrte.

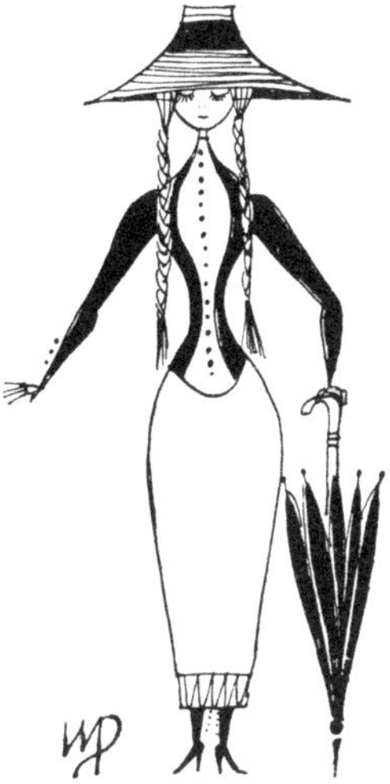

Jungfrau:

Aufs Reale geht der Blick
voller Skepsis und Kritik.
Wer zu sehr das Pathos scheut,
oft sich nur an Kleinem freut.

Waage:

Wenn er in der Waage steht,
ist der Jupiter Aesthet;
kultivierten Lebensstil
setzt er gerne sich zum Ziel.

Skorpion:

Was nur irgend problematisch,
ist uns hier zutiefst sympathisch,

und wir müssen grübelnd ringen,
um zur Weisheit vorzudringen.

Schütze:

Ideale, hoher Schwung,
Pathos und Begeisterung
sind beim Schützen immer mächtig,
doch zuviel ist auch verdächtig!

Steinbock:

Hier verehrt man allzumal
Recht und Pflicht, Gesetz, Moral.
Was geboten ist und sittlich,
das vertritt man unerbittlich.

Wassermann:

Hier erschaut man, frei von Enge,
geistige Zusammenhänge,
und wo grad mal keine sind,
konstruiert man sie geschwind.

Fische:

Jenseits der realen Schranken
weilt man gerne in Gedanken;
was man «Mystik» nennt, ist hier
Jupitern sein Hauptpläsier.

JUPITER IN DEN 12 HÄUSERN

1. Haus:

Ganzheit, Fülle, weite Sichten,
Optimismus bei den Schlichten.
Wird verletzt er hier mit Schwere,
heuchelt man, was gern man wäre.

2. Haus:

Expansiv im Wirtschaftsleben,
wird nach Kapital man streben,
aber schlechte Winkel führen.
oft zu protzigen Allüren.

3. Haus:

Freude wird aus Alltagspflichten,
wenn wir Jupiter hier sichten.
Mancher gibt jedoch nur an,
macht sich wichtig, wo er kann.

4. Haus:

Mit Erfolg pflegt man spontan
den Familienroman.
Dieser Stand ist auch beliebt,
weil er schönes Altern gibt.

5. Haus:

Pädagogisches Talent
trägt hier oftmals den Akzent.
Frauen finden Kindersegen,
bald erwünscht, bald ungelegen.

6. Haus:

Krankheit breitet sich nicht aus,
hat man Zeus im sechsten Haus.
Nur in schlecht bestrahltem Falle
streiken Leber gern und Galle.

7. Haus:

Jupiter bei diesem Stand
zeigt sich gütig, tolerant,
menschenfreundlich, mild, gerecht —
fragt sich nur, ob alles echt!

8. Haus:

Viele schätzen diesen Stand,
denn man erbt oft allerhand;
doch bei schlechtem Strahlkomplex
gilt das gleiche wie in sechs.

9. Haus:

Philosophisch, weltanschaulich,
lebt man fromm und mehr erbaulich.
Andre fahr'n in fremde Breiten,
um den Horizont zu weiten.

10. Haus:

Glück und eigne Fähigkeiten
werden uns den Weg bereiten.
Man erlangt Erfolg und Namen,
die oft wie von selber kamen.

11. Haus:

Man befreundet sich mit Leuten,
die im Leben was bedeuten.
Wer gesellschaftlich gehemmt,
wird durch sie emporgestemmt.

12. Haus:

Allen Armen und Bedrängten
oder sonstwie Eingeengten
bringt man Hilfe vielerlei,
doch vergisst sich selbst dabei.

SATURN IN DEN 12 TIERKREISZEICHEN

Widder:

Wenn Saturn im Widder hockt,
ist man manchmal recht verbockt;
zu gehorchen, sich zu fügen,
macht hier gar nicht viel Vergnügen.

Stier:

Stier-Saturn kann viel ertragen,
ohne je darob zu klagen,
aber geht's ihm gar zu schlimm,
trotzt er schliesslich voller Grimm.

Zwillinge:

Man versucht zu jeder Frist
sich dem Schicksal hier voll List
zu entwinden und wird sehen,
ihm nicht auf den Leim zu gehen.

Krebs:

Wenn Saturn im Krebs logiert,
ist man häufig deprimiert
und beschäftigt sich am längsten
ohne Grund mit Furcht und Aengsten.

Löwe:

Nicht als sehr bescheiden gilt
der Saturn in diesem Bild.
«Alles oder nichts!» so heisst
seine Forderung zumeist.

Jungfrau:

Vorbedenklich, will man alles
wissen für den Fall des Falles.
Weil Kalkül hier niemals reicht,
wird man pessimistisch leicht.

Waage:

Hier weiss man aus schlimmen Sachen
oft das beste noch zu machen;
manchmal reicht es aber grade
nur zur äusseren Fassade.

Skorpion:

Immer möchte man hier streiten
gegen die Notwendigkeiten,
wie ein Magier sie beschwören,
was sie leider gar nicht hören.

Schütze:

Gläubig wählt man hier ein Los,
das bedeutsam scheint und gross,

und man hat dabei mitnichten
die Bereitschaft zum Verzichten.

Steinbock:

Hier fühlt sich Saturn gefeit
gegen Unvollkommenheit
und nach strengen Paragraphen
sieht man richten ihn und strafen.

Wassermann:

Der geheimen Weltstruktur
käme gern man auf die Spur,
denn man meint, dann wäre Schluss
mit dem unbeliebten Muss.

Fische:

In den Fischen der Saturn
trägt sein Schicksal ohne Murrn,
doch bei näherer Belichtung
fehlt ihm oft die klare Richtung.

SATURN IN DEN 12 HÄUSERN

1. Haus:

Ernst, verhalten, streng, genau,
gibt man sich nach aussen rauh
und bewahrt im Innern gern
seinen guten Seelenkern.

2. Haus:

Sparsam, mühsam manchesmal
sammelt man sich Kapital;
Angst vor Armut anderseits
führt nicht selten auch zum Geiz.

3. Haus:

Schwere, Ernst im Alltagsdenken
lassen den Verkehr beschränken.
Umwelt, speziell Verwandte,
wirken drückend und als Kante.

4. Haus:

Die Familie wird nicht rasten,
uns mit Pflichten zu belasten.
Manchmal hat man Depressionen,
die die Umwelt nicht verschonen.

5. Haus:

Liebe hier nur schwer erglimmt,
weil man schrecklich ernst sie nimmt,
und wenn schlechte Winkel plagen,
will man ihr wohl ganz entsagen.

6. Haus:

Gründlich ist man, sehr methodisch,
und verachtet, was nur modisch.
Falsche Arbeitsweisen werden
leicht zu chronischen Beschwerden.

7. Haus:

Schwierig ist die Partnerfindung,
aber dauerhaft die Bindung.
Selbst wenn beide Teile leiden,
lassen sie sich selten scheiden.

8. Haus:

Lebenszäh uns häufig macht
der Saturn in Nummer acht;
aber steht er disharmonisch,
bringt er Leiden, welche chronisch.

9. Haus:

Er vertieft, wenn gut bestellt,
ernsthaft unsre Geisteswelt;
schlecht bewinkelt, lässt er selten
andrer Weltanschauung gelten.

10. Haus:

Aufstieg manchmal hier stupend,
aber oft kein «happy end»,
denn von Leistungsdrang besessen,
kann man jedes Mass vergessen.

11. Haus:

Freundschaft schliesst Saturn nur schwer
und mit ältern Leuten mehr.
Steht er schlecht im elfen Haus,
nutzen uns die Freunde aus.

12. Haus:

Plötzlich fühlt man hier voll Sorgen
sich allein und ungeborgen,
und man sucht mit viel Geduld
immer erst bei sich die Schuld.

Zu behandeln wären nun
Uranus sowie Neptun;
diese beiden aber schleichen
gar so langsam durch die Zeichen,
dass ihr Stand auf lange Frist
beinah unverändert ist.
Nicht so wichtig gilt er drum
für das Individuum;
nur die Frage wird sich lohnen,
welches Haus sie grad bewohnen.

URANUS IN DEN 12 HÄUSERN

1. Haus:

Man vermag in manchen Fällen
radikal sich umzustellen;
wer zu oft und jäh sich trennte,
lebt dann immer nur Fragmente.

2. Haus:

Jeder neuen Konjunktur
kommt man schnellstens auf die Spur;
doch bei der Aspekten Streite
sagte mancher nur noch: «pleite!»

3. Haus:

Man behandelt Alltagsfragen
etwas sprunghaft, sozusagen.
Durch Vergessen und Verlieren
kann uns Peinliches passieren.

4. Haus:

Häuslichkeit, weil sie beengt,
wird zur Fessel, die man sprengt.
Sesshaft ist man kaum — das Heim
geht drum manchmal aus dem Leim.

5. Haus:

Sitte und Moral, Verkehr
sind hier häufig recht leger,
und bei vielen schlechten Strahlen
neigt man auch zum Anomalen.

6. Haus:

Impulsive Arbeitsweise
reisst hier öfters aus dem Gleise;
Nervenleiden und -beschwerden
können leicht organisch werden.

7. Haus:

Recht exzentrisch und modern
wählt man seine Partner gern,
neigt auch zu Experimenten,
die schon manche Ehe trennten.

8. Haus:

Manchem kommen hier Ideen,
so die meisten nicht verstehen;
sonst gibt's auch nervöse Leiden,
und Gefahren soll man meiden.

9. Haus:

Oft, wenn andre fest noch schliefen,
sah schon neue Perspektiven
hier ein starker Uranus.
Schlecht gestellt: ein Phantasus.

10. Haus:

Aenderung und Wechsel häufen
sich in solchen Lebensläufen;
hoch schwemmt manchen erst die Welle,
abwärts dann mit gleicher Schnelle.

11. Haus:

Freundschaft ist hier rasch geschlossen,
doch genau so rasch verflossen,
denn was erst man reizvoll fand,
ist sehr oft nicht von Bestand.

12. Haus:

Manchmal sieht man hier mit Schauern
rings geheime Feinde lauern,
die jedoch nur gar so bös
scheinen, weil man selbst nervös.

NEPTUN IN DEN 12 HÄUSERN

1. Haus:

Medial, oft überfein,
fühlt man sich in alles ein.
Manche werden auch Phantasten,
die nach Illusionen hasten.

2. Haus:

Die Finanzen mehrt Neptun
manchmal ohne unser Tun.
Falsch zum Gelde eingestellt,
mancher auf Betrug verfällt.

3. Haus:

Hier ist wenig zu erfahren:
meist ein träumendes Gebaren.
oder, wenn er schlecht gestellt,
Täuschung in der Alltagswelt.

4. Haus:

Hier ist jemand manchesmal
durch Vererbung medial,
was bei schlechten Winkeln dann
zu Neurosen führen kann.

5. Haus:

Der Erotik, gut beschienen,
kann Neptun verfeinernd dienen.
Anderseits fand hier man schon
Irrungen und Perversion.

6. Haus:

Wirkung spürt man hier nur selten
von Neptun, dem gutgestellten;
nur wenn Winkel ihn erbosen,
gleitet leicht man in Neurosen.

7. Haus:

Partnerwünsche so gesteigert,
dass das Leben sie verweigert,
und man projiziert im Nu,
was man grade wünscht, aufs Du.

8. Haus:

Manchmal scheinen hier uns Zeichen
aus dem Jenseits zu erreichen;
leider sind sie oft genug
Täuschung nur und Sinnentrug.

9. Haus:

Metaphysische Tendenzen;
Phantasie kennt keine Grenzen,
was die Klarheit der Gedanken
leider häufig bringt ins Wanken.

10. Haus:

Steht er gut hier hoch im Süd,
wird romantisch das Gemüt;
seltsam aber, wenn lädiert,
er das Schicksal kompliziert.

11. Haus:

Freundschaft wird uns hier gelüsten
mit Okkulten und mit Mysten,
aber leicht beschwindelt wird,
wer in seiner Wahl sich irrt.

12. Haus:

Mancher scheut hier vor Gefahren,
welche nie vorhanden waren.
Schlechter Winkel Ueberzahl
macht sie allerdings real.

DIE ASPEKTE

Konjunktion:

Nachbarschaft wirkt unterschiedlich,
manchmal feindlich, manchmal friedlich,
je nachdem, ob hier sich paart,
was verwandt, was fremder Art.
Wenn sie gar zu dicht sich ballen,
kommt's zu seelischen Krawallen.

Opposition:

Hier erblickt man die Planeten
wie zum Zweikampf angetreten;
Spannung zwischen ihnen zittert,
und sie ringen oft verbittert;
doch wer klug sein Handeln lenkt,
wird mit Schöpferkraft beschenkt.

Quadrat:

Meistens bringt die Quadratur
innere Konflikte nur;
das kann stören und beklemmen
und die Lebenskräfte hemmen;
doch geweckt wird auch zumeist
(wenn man welchen hat) der Geist.

Trigon:

Sehr beliebt ist das Trigon;
lösend wirkt es meistens schon,
und für Harmonie, Balance
bietet sich die beste Chance;
nur ist bei zuviel des Guten
Seelenträgheit zu vermuten.

Sextil:

Bei Sextilen ist zu sagen,
dass die Kräfte sich vertragen;
unser Dasein wird drum heller,
die Entwicklung leichter, schneller;
wenn sie's aber übertreiben,
kann man oberflächlich bleiben.

ASPEKTE

Sonne / Mond:

Unser unbewusstes Leben
kann zur Freiheit sich erheben
bei Trigonen und Sextilen;
anders, wenn die Winkel schielen:
Elterlich ererbte Massen
wollen nicht zusammenpassen,
sondern streiten für gewöhnlich
miteinander unversöhnlich.
Häufig gibt es drum bei diesen
Winkeln auch Entwicklungskrisen;
im Konflikt erlebt man meist
hie die Seele, dort den Geist.
Haben beide Konjunktion,
wird man etwas unison.

Sonne / Merkur:

Nur die Konjunktion gibt's da:
subjektiv, wenn sie zu nah.
Machtbestreben, Geltungsliebe
fälschen leicht das Denkgetriebe,
und es will das eigne Meinen
als die höchste Wahrheit scheinen.

Stark gestellt: der Intellekt
ist so praktisch wie geweckt.

Sonne / Venus:

Stark ist mit Gefühl durchwebt,
was man zu erreichen strebt;
Künstler oft, voll Schönheitssinn,
Trägheit liegt vielleicht auch drin.
Mancher ist dann nur Aesthet,
der das Dasein missversteht,
und verniedlicht in der Stille
alles durch die rosa Brille.

Sonne / Mars:

Kriegerisch, heroisch meist
unser Leitbild sich erweist,
das bei heftigen Quadraten
abenteuerlich missraten,
denn man fordert mit dem blanken
Schwert die Umwelt in die Schranken.
Bis zum Querulieren hin
reichen Trotz und Eigensinn;
manchmal aber wendet dies
gegen einen selbst den Spiess.
Opposit- und Konjunktionen
mahnen uns, das Herz zu schonen.

Sonne / Jupiter:

Würde, Fülle wird erstrebt,
sozial man denkt und lebt.
Solchen Leuten kann man trauen
und sie lieben aufzubauen.
In den schlechten Winkeln wohnen
Krankheitskeime: Leber schonen!
Ehrgeiz oft zu gross und prahlend,

dies mit Misserfolg bezahlend.
Man bescheide sich und sehe,
dass das Ich sich nicht so blähe.

Sonne / Saturn:

Ernst und Fleiss und Selbstkontrolle
spielen eine grosse Rolle;
meist ein starker Machtkomplex,
der ein kritisches Gewächs,
denn man will zuviel erzwingen,
dadurch kann es dann misslingen.
Freiheit und Notwendigkeit
liegen immerfort im Streit,
und man «darf» oft nichts erlangen,
bleibt im «Pech» für ewig hangen,
engt sich ein, verzichtet mehr,
oder übernimmt sich schwer.
Körperlich erscheint zuletzt
chronisch oft das Herz verletzt.

Sonne / Uranus:

Meistenteils originell,
denkt und handelt man sehr schnell,
hat für neue Zukunftphase
eine äusserst feine Nase.
Schlechte Winkel überspannen:
Eigenwille führt zu Pannen;
man verachtet alle Schranken
und will keinem was verdanken;
Alterprobtes, Tradition
ernten häufig nichts als Hohn.
Frauen schliessen plötzlich Ehen,
die nicht sehr besonders gehen;
Nerven sind dann oft gestört,
wie man auch von Unfall hört.

Sonne / Neptun:

Gute Winkel gaben schon
manchem Inspiration;
gründlicher und stärker, leider,
wirken schlechte Winkel beider:
Ungesunde Träumereien
woll'n die Seele dann entzweien,
oder finstrer Aberglauben
scheint uns die Vernunft zu rauben.
Solcher Einfluss lenkt fatal
bei der Frau die Partnerwahl.

Mond / Merkur:

Durch die Winkel mit Merkur
kriegt der Mond erst Form, Kontur;
neben dem Gedächtnis schenken
sprachliches, formales Denken
alle möglichen Aspekte; —
bei geringem Intellekte
ist für schlechte zuzufügen:
Hang zum Klatschen und zum Lügen.

Mond / Venus:

Zärtlich, sanft, empfindungsreich,
findet Sympathie man gleich,
wenn die beiden sich nicht fremd;
sonst ist das Gefühl gehemmt;
Sinnlichkeit und Zärtlichkeit
liegen dann im Widerstreit;
der Geschmack verliert dabei,
Kitsch gefällt und Liebelei.
Wenig Ordnung wird bestehn,
denn man lässt sich ziemlich gehn.

Mond / Mars:

Unbewusstes lenkt im Stillen
rasch und reibungslos den Willen,
der aus diesem Quell gespeist,
voller Unternehmergeist;
doch zu Hast und Schärfe treiben
schlechte Winkel, und sie bleiben
kritisch oft für Heim und Ehen;
allzu plötzlich will man sehen
jeden Wunsch und Trieb erfüllt,
äussert dies recht unverhüllt;
doch versagt sich der Genuss,
leidet man wie Tantalus,
und aus Rache oder Neide
tut man selbst sich was zuleide.

Mond / Jupiter:

Stehen beide trigonal,
ist man gütig, sozial,
und entwickelt Eigenschaften,
die uns für Erfolge haften;
Sympathie wird uns geboten
als gerechten Patrioten.
In der Spannung sieht man gern:
rauhe Schale, goldner Kern.
Mancher bläht sich hier auch so:
drischt voll Pathos leeres Stroh.

Mond / Saturn:

Von Saturn wird kontrolliert,
was sich unbewusst gebiert;
Pflichtgefühl, Besonnenheit
werden Selbstverständlichkeit;
schlechte Winkel aber drücken,

Angepasstsein will nicht glücken,
und es gilt die Ueberwindung
früher Angst und Mutterbindung.
Eher pessimistisch, streng,
zieht man seine Kreise eng;
wundert's wen, dass so entsteht
Herbheit, schliesslich ein Asket?
Doch man ist auch stark im Tragen,
und man wird nicht leicht verzagen;
wo die andern oft sich drücken,
steht man da mit gradem Rücken.

Mond / Uranus

Diese Winkel, stark gestellt,
schenken die Boheme der Welt:
Menschen, die den Alltag steigern,
sich der Konvention verweigern.
Wenn sich die Aspekte kreuzen,
langt es häufig nur zu Käuzen,
die exzentrisch, voll Capricen,
immer ins Extreme schiessen.
Leicht für ein Genie sich hält,
wer nur aus den Normen fällt.
Häufig ist dem Ehefrieden
wenig Sicherheit beschieden.

Mond / Neptun:

Heimliches wird hier vertraut,
und man ahnt und fühlt und schaut,
was in fremden Seelen drinnen
sonst verborgen ist den Sinnen;
doch bei kritischem Aspekt
wird man leicht verwirrt, verschreckt,
kann nicht Wunsch von Wahrheit scheiden,

muss Enttäuschung drum erleiden.
Männer hängen ihr Vertrauen
gern an undurchsicht'ge Frauen,
Wünsche auf sie projizierend
und das echte Du verlierend.

Merkur / Venus:

Den Verstand durchdringt Gefühl,
macht ihn nicht mehr ganz so kühl;
gar nicht selten ferner trifft
man Talent für Rede, Schrift.
Da formal betont das Denken,
wird es die Begabung lenken
mathematisch-theoretisch
oder künstlerisch-ästhetisch.

Merkur / Mars:

Es verbinden die Aspekte
Willen mit dem Intellekte:
Ausdruck, Rede glatt und schmissig,
Zunge öfters scharf und bissig.
Schlechte Winkel übertreiben,
lassen schwer im Wahren bleiben.
Grosse Handgeschicklichkeit,
die man gern der Technik weiht,
oder, strebt man über sie:
Plastik, Zeichnung, Chirurgie.
Witz, Kritik verspürt man meist,
kurz: recht streitbar ist der Geist.

Merkur / Jupiter:

Mit dem Jupiter verbunden,
gibt Merkur uns den gesunden
Blick fürs Ganze, Theorie,
die doch das Reale nie

völlig aus dem Blick verliert
und zur Weitsicht talentiert.
Wenn die Kräfte sich bekämpfen,
wird dies unsre Klarheit dämpfen:
Wald sieht man vor Bäumen nicht,
oder aber, es gebricht
(wenn der Zeus hier stärker führt)
an dem Blick, der Kleines spürt.

Merkur / Saturn

Wenn Saturn mit gutem Strahl
auf Merkur blickt, ist kausal,
gründlich, sachlich unser Denken,
logisch und nicht abzulenken,
was bei schlechtem dazu führt,
dass man grosse Lust verspürt,
sich die Welt nach seinen Schemen
und privaten Denksystemen
ohne Rücksicht anzupassen,
Störendes nicht zuzulassen.
Macht Kritik sich gar zu breit,
wird man feind der Fröhlichkeit.

Merkur / Uranus:

Scharfsinn und Erfindergeist
bringen hier Erfolge meist.
Liegt der Fall nicht so apart,
so entsteht statt Eigen-Art
ein skurriler Kauz, ein Spleen,
wenn er auch erst geistreich schien.
Mancher denkt im Rösselsprung
ohne rechte Gliederung,
wird auch gerne das Beweisen
voller Spott pedantisch heissen.

Merkur / Neptun:

Beider günstiger Aspekt
oft ein Ahnen in uns weckt,
das in visionären Bildern
schöpferisch wir möchten schildern,
und mit feineren Antennen
Unbewusstes wir erkennen.
Feindlich, stören Trug und Wahn
manchmal die Gedankenbahn;
dann ist man zu wenig klar,
vor sich selber oft nicht wahr,
neigt zum Kranken, zum Abnormen,
auch in kriminellen Formen.

Venus / Mars:

Venus wird kokett gemacht,
wenn der Mars ihr freundlich lacht,
wird verlockend und entzündlich;
wo sie liebt, da liebt sie gründlich,
und sie sucht in vielen Fällen
das Gefühl zur Schau zu stellen.
Wenn jedoch durch Mars verdorben,
wirbt sie mehr, als sie umworben,
ist frivol, wird übereilen,
und ist schwer davon zu heilen.

Venus / Jupiter:

Stehn in Harmonie die beiden,
Kann man jedermann gut leiden.
Venus kommt in volle Blüte,
strahlt in Milde und in Güte.
Oft kommt solches dann zurück
gleichsam in der Form von Glück.
Ob die Winkel schlechte, gute:

Farbensinn liegt uns im Blute,
und von recht verschiednem Rang
hat man Schau- und Zeigedrang.

Venus / Saturn:

Bei harmonischem Aspekt
ward die Treue einst entdeckt.
Sonst bleibt mancher infantil,
scheut sich vor der Liebe Ziel,
sucht Ersatz, der wenig schön,
wird pervers, auch frech, obszön;
oder er erwirbt in Qual
sich ein Keuschheitsideal,
und was selber er nicht wagt,
wird dann andern untersagt.
Künstlerisches Tun allein
kann hier oft die Heilung sein.

Venus / Uranus:

Venus scheint hier aufgelockert
und mit Sensation verzockert;
da erotisch leicht gereizt,
mit der Liebe sie nicht geizt.
Selten liebt man hier stabil;
was uns grade noch gefiel,
scheint im nächsten Augenblick
gar nicht mehr so schön und schick.
Un- wie günstiger Aspekt
Sinn für Rhythmus immer weckt.

Venus / Neptun:

Bei Neptun-Trigon, -Sextilen
lässt die Phantasie man spielen;
wo man liebt, will man verehren,

kann auch von der Sehnsucht zehren,
und gar leicht geschieht es jetzt,
dass man Partner überschätzt.
Immer sucht man hier nach neuen
Reizen, sich daran zu freuen;
tut man dieses gar zu tüchtig,
wird so mancher wohl auch süchtig.
Sonst mit allen Winkeln scheint
Musikalität vereint.

Mars / Jupiter:

Stehen beide im Trigon,
liebt man pastoralen Ton,
und bei schlichteren Gemüten
treiben Sport und Technik Blüten.
Winkeln sie sich feindlich an,
hat Talent man zum Tyrann;
man zerhaut die Schicksalsknoten
auch in Fällen, wo's verboten,
und nur selten ward bekannt
Einer hier, der tolerant.
Jäher Zorn, in jedem Falle,
rächt an Leber sich und Galle.

Mars / Saturn:

Durchschlagskraft und Zähigkeit
steigern beider Fähigkeit
öfter zu verbiss'ner Wut,
deren Ziele böse, gut,
je nach sonstigem Niveau. —
Schlechte Winkel wirken so:
Starr und ohne je zu weichen,
geht gar mancher über Leichen,
und wir müssen hierher zählen
leider auch die Lust am Quälen.

Wenn die Spannung steckenbleibt,
manchen dies zum Unfall treibt.
Orte, wo die beiden stehen,
werden oft vom Arzt besehen.

Mars / Uranus:

Freiheit gilt als Höchstes hier,
aber mancher dann mit ihr
gar nichts anzufangen weiss,
denn er fuhr auf totes Gleis.
Technisch ist man oft gewandt;
die Reklame wohl erfand
jemand einst bei solchem Strahl. —
Die Quadrate sind fatal:
gern sucht man den Sündenbock
und erspart sich so den Schock,
an sich selbst vielleicht zu finden,
was es gilt zu überwinden.

Mars / Neptun:

Gute Winkel des Neptun
lassen Wünsche selten ruhn,
die aus Wesenstiefen steigen,
welchen kein Bewusstsein eigen.
Schlechte Winkel, wie bekannt,
nutzt geschickt der Intrigant.
Mancher auch vermag mit scharfen
Blicken andre zu entlarven.
Reizbar ist man, unzufrieden
und chaotisch unentschieden.

Jupiter / Saturn:

Achtend überkommne Bräuche,
neuen Wein in alte Schläuche
füllend; wenn die Winkel gut,

hat man Philosophenblut.
Schlechte Winkel wirken hemmend
und charakterlich verklemmend,
und man kann nur schwer erreichen,
Neues Altem anzugleichen.
Wird man ein Pedant, ein Streber,
streiken Galle oft und Leber.

Jupiter / Uranus:

Neues, Kommendes erahnt,
wenn es gleichsam erst noch zahnt,
gute Bindung der Planeten;
weiter Blick ist dann vertreten,
doch man wird auch leicht verkannt
als Prophet im eignen Land.
Bei den schlechten Winkeln sinkt
oft der echte Wertinstinkt,
und man plant Reformen, die
kühn sind, aber Utopie.

Jupiter / Neptun:

Mystikern und andern Frommen,
welche in Ekstase glommen,
waren solche Winkel eigen;
bei den schlechten aber neigen,
leicht verführbar, hemmmungslos,
andre auch zum Schwindel bloss.
Salbungsvoll vertritt man Lehren
und will andere bekehren,
ohne dass man selbst erledigt,
was man so voll Eifer predigt.

Saturn / Uranus:

Konzentriertheit, Ernst, Geduld
und Vorausschau sind oft schuld

an Erfolgen stiller Art,
wenn die Kräfte gut gepaart.
Andernfalls in jähem Drängen
will man alle Grenzen sprengen,
meint, man habe was gerochen
schon von kommenden Epochen.

Saturn / Neptun:

Frömmigkeit bei guten Strahlen;
stärker wirken die fatalen:
leicht getäuscht, wird oft genug
man das Opfer von Betrug.
Unbewusstes macht uns bänglich,
und man schützt davor sich zwänglich;
doch in unerschöpfte Tiefen,
die nach einem Künder riefen,
taucht, wer Grauen überwindet,
neue Welten in sich findet.

Uranus / Neptun:

Allgemein ist hier zu lernen:
Winkel zwischen diesen fernen
transsaturnischen Planeten
pflegen kaum hervorzutreten;
nur ein seelisch fein gebauter
Mensch verspürt sie etwas lauter;
diesen wird's dann manchmal jucken,
hinter diese Welt zu gucken,
und er hat okkulte Gaben;
doch bei kritischem Gehaben
sind auch in Betracht zu ziehen
seelische Anomalien,
und bei jeder Narretei
seiner Zeit ist man dabei.

ASPEKTE AUF DEN ASZENDENTEN

Sonne:

Starkes Machtentfaltungsstreben
werden alle Winkel geben;
sind sie günstig, geht es glatt,
sonst: Proteste finden statt.

Mond:

Eindrucksfähig, voll Gemüt,
das für die Gemeinschaft blüht;
populär oft zum Erstaunen,
oder schwankend und voll Launen.

Merkur:

Praktisch ist der Intellekt;
Kopf, der voll Erfahrung steckt;
kritisch, ist nervös das Denken
und zu leicht auch abzulenken.

Venus:

Schönheitssinn und Eitelkeit
liegen meistens hier bereit;
wer sie lenkt in Harmonie,
findet grosse Sympathie.

Mars:

Sehr gesteigert ist die Regung
so für Handlung wie Bewegung;
kritisch: tollkühn, unbedacht,
was begabt für Unfall macht.

Jupiter:

Weitung sucht man und Entfaltung;
häufig soziale Haltung;
hemmend ist nur das Quadrat:
überdehnend das Format.

Saturn:

Sachlich, ernst, genau, korrekt;
doch wenn feindlich der Aspekt,
wird uns mancherlei vergällt,
weil wir falsch uns eingestellt.

Uranus:

Eigenwille sehr gesteigert;
der Geduld man sich verweigert.
Bei den schlechten heisst's im Pass:
Reizbar wie ein Pulverfass.

Neptun:

Fein empfindend, medial,
schwärmt man für ein Ideal,
doch Phantasten sich verlieren
oft in vagem Spintisieren.

KURZE ASTRO-MEDIZIN

Widder:

Hier trifft Krankheit und Malheur
meist den Kopf samt Zubehör;
also findet man Migräne
und auch häufig kranke Zähne.
Wer voll Unrast, Ungeduld,
der vermisst des Schlafes Huld.

Stier:

An dem Hals mit seinen Drüsen
muss man oft mit Schmerzen büssen;
von Anginen viel man hört,
Ohr und Sprache auch gestört.
Staut man die Affekte alle,
legt sich solches auf die Galle.

Zwillinge:

Lunge, Bronchien, Rippenfell
haben eine Störung schnell.
Wenn es mangelt am Kontakt,
reaktiv uns Asthma packt.
Wer zu fahrig, hat am Ende
Unfallsneigung: Arme, Hände.

Krebs:

Hier muss man um seinen Magen
öfters einmal Sorge tragen;
Ehrgeiz und Empfindlichkeit
machen ihn zu leicht bereit,
dass verstimmt er reagiert
und, «gekränkt», nicht funktioniert.

Löwe:

Herz und Kreislauf, wie man hört,
sind beim Löwen oft gestört.
Immer aus dem vollen lebend
und vital die Kraft vergebend,
kann er sich zu stark verschwenden,
schliesslich in Verkalkung enden.

Jungfrau:

Darm, Verdauung, Eingeweide
werden öfters hier zum Leide,
und man pflegt sie früh und spät
voll Besorgnis, mit Diät,
was, wenn man zu ängstlich ist,
alle Zeit und Kräfte frisst.

Waage:

Unentschlossnes Reagieren
legt sich leicht hier auf die Nieren.
Zu Ekzemen neigt die Haut —
sagen wir es ruhig laut:
dies kann als Symptom erscheinen,
wenn man innen nicht im reinen.

Skorpion:

Urogenitalsystem
wird uns öfters unbequem,
und die meisten Leiden wohnen
in den Sexualregionen.
Vielen will es nicht gelingen,
ihren Blinddarm durchzubringen.

Schütze:

Leber, Galle, Ischias
affiziert hier manchmal was;
auch die Nerven sind labil,
Allergien gibt es viel;
blühen dann die Wiesen neu,
schnupft die arme Nase Heu.

Steinbock:

Rheuma sieht man oft und Gicht,
an der Haut es auch gebricht;
nicht geglücktes Aufwärtsklimmen
kann die Knie leicht verstimmen;
sonst ist man hier lebenszähe,
nur die Milz streikt manchmal jähe.

Wassermann:

Herz, Gefässe und Komplizen
neigen manchmal zu Varizen;
Diabetes sah man schon,
wie auch Nierenaffektion.
Ganz besonders an den Waden
nimmt der Mensch hier leicht mal Schaden.

Fische:

Leiden aus nervösen Quellen
sind hier häufig festzustellen,
die nicht einfach zu behandeln,
weil sich die Symptome wandeln.
Unbewusst, bei Schwierigkeiten,
wird man in die Krankheit gleiten.

Astrologische Fachausdrücke

Aspekt	ein Winkel, den zwei Planeten miteinander bilden (vom Mittelpunkt des Horoskops aus gemessen). Aspekte zeigen nach astrologischer Lehre das Verhältnis an, in dem die einzelnen Wesenskräfte eines Menschen zueinander stehen. Man unterscheidet harmonische und disharmonische Aspekte.
Aszendent	der im Augenblick der Geburt am Osthorizont gerade aufgehende Grad des Tierkreises. Er zeigt die angeborene, wesenstypische Eigenart des Menschen und sein ursprüngliches Temperament an.
Deszendent	Untergangspunkt des Tierkreises, dem Aszendenten gegenüber. Er symbolisiert das Verhältnis zum Du, zu Partnerschaft und Ehe.
Elemente	Die Tierkreiszeichen werden eingeteilt in: Feuerzeichen (Widder, Löwe, Schütze) Erdzeichen (Stier, Jungfrau, Steinbock) Luftzeichen (Zwillinge, Waage, Wassermann) Wasserzeichen (Krebs, Skorpion, Fische)
Felder	= Häuser
Grundhoroskop (Geburts- oder Radixhoroskop)	Darstellung der Gestirnstände für den Augenblick der Geburt; Grundlage aller astrologischen Aussagen.
Häuser	Zwölfteilung des Horoskops nach den Hauptachsen des Horizonts und des Meridians. Sie werden vom Aszendenten aus entgegen der Uhrzeigerrichtung gezählt und symbolisieren die einzelnen Erlebnis-, Interessen- und Betätigungsbereiche des Menschen

Herrscher	Planet, der einem Tierkreiszeichen als dessen Wesensart besonders entsprechend zugeordnet ist. Die Herrscher der Zeichen sind: Widder: Mars Stier: Venus Zwillinge: Merkur Krebs: Mond Löwe: Sonne Jungfrau: Merkur Waage: Venus Skorpion: Mars Schütze: Jupiter Steinbock: Saturn Wassermann: Saturn, Uranus Fische: Jupiter, Neptun
Horoskop	Aufzeichnung des Himmelsanblicks für eine bestimmte Zeit und einen bestimmten Ort (s. Geburtshoroskop). Die «Wochenhoroskope» der Zeitschriften haben mit wirklichen Horoskopen nichts zu tun.
Imum Coeli	der tiefste Punkt des Himmels (nördlicher Kulminationspunkt). Er symbolisiert das Verhältnis zu Heim, Familie, Erbe, frühkindlicher Umwelt, Tradition und Alter.
Konjunktion	Zusammenstand zweier Planeten. Gilt je nach der Natur beider Planeten als harmonischer oder als disharmonischer Aspekt.
Kulmination	höchster oder tiefster Stand eines Planeten auf der Nord-Süd-Linie (dem Meridian).
Medium Coeli (MC)	der südliche Kulminationspunkt (Schnittpunkt von Ekliptik und Meridian). Symbolisiert die geistige Grundhaltung, die Stellung zur Welt und zum Beruf, das Erfolgsstreben
Opposition	Gegenüberstand zweier Planeten (180 Grad). Gilt als Spannungsaspekt (disharmonisch).

Planeten	nach astrologischer Bezeichnung auch Sonne und Mond. Die Planeten bezeichnen die Wesenskräfte des Menschen, die Grundprinzipien des körperlichen und seelischen Lebens.
Quadrat	ein Winkel von 90 Grad zwischen zwei Planeten (disharmonischer Aspekt).
Qualitäten (Kreuze)	Einteilung der Tierkreiszeichen nach den Prinzipien «Rajas» (das Aufbauende, Schicksalhafte, Lebensgesetzliche), «Tamas» (das Bewahrende, Beharrende, Eigenständige) und «Sattwa» (das Veränderliche, Wandelbare, Betrachtende). Rajas: Widder, Krebs, Waage, Steinbock Tamas: Stier, Löwe, Skorpion, Wassermann Sattwa: Zwillinge, Jungfrau, Schütze, Fische.
Sextil	ein Winkel von 60 Grad zwischen zwei Planeten (harmonischer Aspekt).
Tierkreis	gleichmässige Zwölfteilung der Ekliptik (der jährlichen Sonnenbahn am Himmel), die von den Punkten der Tag- und Nacht-Gleichen und der Sonnenwenden ausgeht. Die einzelnen «Tierkreiszeichen» symbolisieren die Wesensprägung der einzelnen Planeten und der Hauptpunkte des Horoskops.
Trigon	ein Winkel von 120 Grad, der als harmonischer Aspekt gilt.

Astrologische Symbole

Planeten:

☉ Sonne
☽ Mond
☿ Merkur
♀ Venus
♂ Mars
♃ Jupiter
♄ Saturn
♅ Uranus
♆ Neptun
♇ Pluto
☊ aufsteigender Mondknoten
☋ absteigender Mondknoten

Tierkreiszeichen:

♈ Widder
♉ Stier
♊ Zwillinge
♋ Krebs
♌ Löwe
♍ Jungfrau
♎ Waage
♏ Skorpion
♐ Schütze
♑ Steinbock
♒ Wassermann
♓ Fische

Aspekte:

☌	Konjunktion	(0°)
☍	Opposition	(180°)
□	Quadrat	(90°)
△	Trigon	(120°)
⚹	Sextil	(60°)

Weitere Werke aus dem Origo Verlag:

ORIGO VERLAG
Rathausgasse 30
CH-3011 Bern / Schweiz